Bibliografische Information der Deutschen Nationalbibliothek:

Die Deutsche Bibliothek verzeichnet diese Publikation in der Deutschen National-bibliografie; detaillierte bibliografische Daten sind im Internet über http://dnb.d-nb.de/ abrufbar.

Impressum:

Copyright © 2017 GRIN Verlag, Open Publishing GmbH
Druck und Bindung: Books on Demand GmbH, Norderstedt Germany
ISBN: 9783668474475

Dieses Buch bei GRIN:

http://www.grin.com/de/e-book/370061/die-stimme-der-eurydike-in-neuzeitlicher-orpheus-rezeption-zu-margaret

Jenny Spanier

Die Stimme der Eurydike in neuzeitlicher Orpheus-Rezeption. Zu Margaret Atwood, Ulla Hahn und der Rockband "Saltatio Mortis"

GRIN Verlag

Universität des Saarlandes
Master Allgemeine Vergleichende Literaturwissenschaft
Wintersemester 2016/17
Hauptseminar: Singen und Dichten: Der Orpheus-Stoff

Jenny Spanier

Die Stimme der Eurydike
in neuzeitlicher Orpheus-Rezeption

Inhalt:

1. EINLEITUNG

Orpheus, wir hatten kein Glück.
Du wandelst ins Leben,
doch ich bleib zurück.[1]

Griechische und römische Mythen sind seit mehr als 2000 Jahren ein wichtiges Kulturgut der europäischen Gesellschaften. Ihre Wiedergabe, sowie ihre Verarbeitung und Neuinterpretation hat auch in der Neuzeit ihre Relevanz beibehalten. Werke der klassischen Literatur wie Goethes *Iphigenie auf Tauris* (1779) oder Christa Wolfs *Kassandra* (1983) nehmen sich Figuren und Geschichten dieser ältesten prosaischen und belehrenden Erzählungen zur Basis. Sie werden in Film und Fernsehen, Bildender Kunst, Theater und musikalischen Theaterformen verarbeitet, wie von Claudio Monteverdi in seiner Oper *L'Orfeo* (1607) – und ebenso in unterschiedlichsten, populären Musikrichtungen der Gegenwart, wie beispielsweise in dem Lied *Icarus* (2013) der britischen Indie-Pop-Band Bastille oder *Prometheus* (2007) der deutschen Mittelalter-Rock-Band Saltatio Mortis.

Durch die Verwendung antiker Stoffe und Motive in Literatur und nicht-literarischen Medien haben diese oft zunächst mündlich tradierten Konzepte unter anderem das Potential, überzeitlich wertige Lehren zu transportieren oder Aussagen über die Moralvorstellungen einer Epoche durch ihre Interpretationsart zu verdeutlichen. Die rezipierenden Werke können dabei in ihrer Nähe zum Ausgangsmythos variieren, Leerstellen in der Kohärenz einer Erzählung ausfüllen oder auch sich das Mythos-Personal zu eigen machen, um neue Perspektiven auf deren Verständnis zu eröffnen.

Die vorliegende Arbeit fokussiert sich auf die Rezeption des Orpheus-Mythos in neuzeitlicher Lyrik. Als Vergleichsgrundlage wurden Werke ausgewählt, die sich mit der ursprünglich nicht im Mythos wiedergegebene Perspektive der Eurydike beschäftigen. Diese Art der Mythenverarbeitung ist ein Rezeptionskonzept, welches erst ab dem Zeitraum der Moderne auftritt und erklärt den zeitlich nahen Entstehungsrahmen der Vergleichswerke. Bei diesen handelt es sich um Gedichte von Ulla Hahn und Margaret Atwood, sowie ein Lied der deutschsprachigen Band Saltatio Mortis. Die Untersuchung soll aufzeigen, ob ein spezifischer Ausschnitt des Ursprungsmythos[2] in dem jeweiligen Analyseobjekt wiedergegeben oder

---

[1] Saltatio Mortis: Orpheus. In: Ders.: Sturm aufs Paradies. Booklet. Eisenerz: Napalm Records 2011. Fassung: CD.

[2] Die Formulierung ‚Ursprungsmythos' soll hier und folgend nicht verstanden werden als die erste Fassung des Mythos, da durch die zunächst mündliche Weitergabe der Erzählung immer schon eine Bearbeitung der vorherigen Fassung vorausgesetzt werden kann. ‚Ursprungsmythos' meint hier die Version des Orpheus-Mythos von Ovid als die älteste niedergeschriebene Variante des Mythos, die im Rahmen dieser Arbeit als Bezugspunkt für den Vergleich gewählt wurde.

1

neuerzählt wird und welche typischen Elemente des Orpheus-Mythos darin enthalten sind. Sie soll außerdem auf inhaltlicher Ebene ergründen, welche Gemeinsamkeiten und Unterschiede der Interpretation die Autorinnen und die Musiker für die Sichtweise der Eurydike auf ihr eigenes Schicksal wählen. In Bezug auf die Ergebnisse des Werkvergleichs soll dann eine Antwort auf die Frage gegeben werden, ob mit dem verwendeten Interpretationskonzept bestimmte Ziele, beispielsweise mit emanzipatorischen Hintergrund oder der Konzentration auf bestimmte Themenkomplexe, verfolgt worden sein können. Darüber hinaus soll eine Überlegung dahingehend erfolgen, welche Gründe es für den differenzierten Umgang mit dem Mythosgeschehen vom Gedicht im Gegensatz zum Pop-Song geben könnte.

Aus dieser Fragestellung ergibt sich folgende Gliederung: In einem ersten Schritt sollen eine kurze Definition des Begriffs 'Mythos' gegeben und sein Ursprung beschrieben werden (Kapitel 2.1). Außerdem werden anhand einschlägiger Einführungen und unter Rückgriff auf Darstellungen ausgewählter Vertreter der Forschung die wichtigsten als typisch geltenden Strategien der Rezeption von Mythen rekonstruiert, also kurz genannt und erläutert (Kapitel 2.2). In Kapitel 2.3 soll in Anbetracht der gewählten Analysemedien weiterhin knapp der Inhalt des Orpheus-Mythos in der Version von Ovid wiedergegeben und die in seiner Rezeptionsgeschichte als typisch herausgestellten Elemente genannt werden.

Kapitel 3 stellt die Analyse der Vergleichswerke und damit das Zentrum der Untersuchung dar. In den jeweiligen Analyseteilen, beginnend mit Margaret Atwoods Gedicht *Orpheus (1)*[3] von 1984 in Kapitel 3.1, sollen zunächst ein paar Details zu den Verfassern und der Entstehung des Werkes gegeben werden. Darauf folgt die Bezugnahme des Gedichts oder Liedtextes auf den Mythos, die strukturelle Analyse und seine inhaltliche Interpretation. Auf *Orpheus (1)* folgen in Kapitel 3.2 die Betrachtung des Liedes *Orpheus*[4] von Saltatio Mortis aus dem Jahr 2011 und schließlich das Gedicht *Verbesserte Auflage*[5] (1981) von Ulla Hahn in Kapitel 3.3.

Im letzten Schritt der Arbeit (Kapitel 4) erfolgt ein knapper Vergleich der erarbeiteten Interpretationskonzepte, der Versuch einer Deutung der wichtigsten Analyseergebnisse und ihrer abschließenden Zusammenfassung mit Blick auf die Leitfragen dieser Arbeit.

---

[3] Das Gedicht wird hier und nachfolgend nach der Ausgabe Margaret Atwood: Orpheus (1). In: Ders.: Poems 1976-1986. London: Virago Press 1992, S. 106-107. mit dem Kürzel ‚A' versehen. Es wird zitiert nach dem Muster A: Vers.

[4] Das Lied wird hier und nachfolgend nach der Ausgabe Saltatio Mortis: Orpheus. In: Ders.: Sturm aufs Paradies. Booklet. Eisenerz: Napalm Records 2011. Fassung: CD. mit dem Kürzel ‚S' versehen. Es wird zitiert nach dem Muster S: Vers.

[5] Das Gedicht wird hier und nachfolgend nach der Ausgabe Ulla Hahn: Verbesserte Auflage. In: Ders.: Herz über Kopf. Gedichte. Stuttgart: DVA 1981, S. 56 mit dem Kürzel ‚H' versehen. Es wird zitiert nach dem Muster H: Vers.

2. EINFÜHRUNG

2.1 DEFINITION VON MYTHOS

Der Begriff ‚Mythos' hat seinen Ursprung im Griechischen und wird im *Metzler Lexikon Literatur- und Kulturtheorie* einfach mit „Erzählung, Fabel [oder] Sage" übersetzt.[6] Diese zunächst mündlich verbreiteten Erzählungen versuchten eine „vorwissenschaftliche Erklärung und Beschreibung der Lebenswelt" zu geben, die sich meistens in einem „kosmischen oder übernatürlichen Bezugsrahmen(s)"[7] ereignen. Sie wurden meist in Versen verfasst, wobei neben der Dichtung auch „Gattungen wie Epos und Tragödie sich fast ausschließlich mythologischen Erzählungen widmeten".[8] Der Mythos als Hauptgegenstand griechischer und teils römischer Literatur berichtet von Einzelschicksalen der Götter, Heroen und Sterblichen, sowie dem Ursprung des Natürlichen und Übernatürlichen. Beispiele hierfür sind die Mythen um König Minos und dessen Verlobte, die die Herkunft des Minotaurus erzählen, oder auch die Erzählung von Daphnes Flucht vor Apollon und ihrer Verwandlung in einen Lorbeerbaum.[9]

Die Struktur und Handlung von Mythen zeichnet sich durch einige typische Elemente aus: Zu Beginn jedes Mythos erfolgt eine Vorstellung der Charaktere. Dabei stehen nicht nur die körperlichen Merkmale im Mittelpunkt, sondern auch ihre inneren Werte und ihre Fähigkeiten. Die handelnden Personen sind „vielleicht Götter, Göttinnen oder mehrere übernatürliche Wesen, aber oft auch Menschen oder sogar Tiere, die wie Menschen sprechen und handeln".[10] Es wird eine Ausgangssituation geschaffen, woraufhin die Protagonisten in einen Konflikt geraten, welcher im Laufe der Erzählung von diesen gelöst wird.[11] Dabei handelt es sich stets um eine je nach Mythos festgelegte Figurenkonstellation in einer bestimmten Handlung, an einem bestimmten Ort zu einer festen Zeit, wobei es nicht untypisch ist, dass sich die Namen oder Personen in unterschiedlichen Fassungen verändern.[12]

---

[6] Anette Simonis: Mythos. In: Ansgar Nünning (Hg.): Metzler Lexikon Literatur- und Kulturtheorie. Ansätze – Personen – Grundbegriffe. 3. akt. Aufl. Stuttgart, Weimar: Metzler 2004, S. 482-483, hier S. 483.
[7] Ebd.
[8] Katharina Volk: Ovid. Dichter des Exils. Aus dem Englischen von Dieter Prankel. Darmstadt: WBG 2012, S. 67.
[9] Vgl. Volk: Ovid, S. 22, 67.
[10] Barry B. Powell: Einführung in die klassische Mythologie. Mit 26 Abbildungen und Grafiken. Stuttgart/Weimar: Metzler 2009, S. 13.
[11] Vgl. Ebd.
[12] Beispielsweise gibt es unterschiedliche Fassungen des Mythos von Ikarus und Daedalus, in denen es nicht Pallas ist, die Perdix in ein Rebhuhn verwandelt, sondern Athene. Oder aber der Neffe von Daedalus wird nicht Perdix genannt, sondern Talon.

Mythen bedienen sich weiter einer Ausdrucksweise, die auch in Sprichwörtern wiederzuentdecken ist und mit der eine präzise bedeutungsreiche oder belehrende Aussage getroffen wird. Meistens sind sie in widersprüchlichen Varianten, aber mit derselben Geschichte, vorzufinden und können in eine Reihe ähnlicher Mythen eingeordnet werden.[13] Des Öfteren haben sie keinen konkreten Schluss oder Lücken in der Schlussbeschreibung, da sie sich in einem Gefüge stetiger Erzählung mit Verbindungen zu anderen Mythengeschehen befinden.

Thematisch lassen sie sich in unterschiedliche Typen von Mythen kategorisieren, die kennzeichnend für ihre Entstehung sind und auf ihre möglicherweise ursprünglich abgezielte Interpretation hindeuten. Dazu gehören theogonische, kosmogonische und anthropogonische Mythen, die vom Ursprung der Welt, der Götter und der Menschen erzählen, im Gegensatz zu eschatologischen Mythen, die sich mit dem Ende der Welt befassen. Perioden- und Transformationsmythen gelten außerdem als Deutungsmodelle des Geschichtsverlaufs und Legitimationsmythen als Rechtfertigung von Herrschaftsansprüchen, sowie religiöser und gesellschaftlicher Normen.[14]

Die Forschungsliteratur zeigt, dass es im Laufe der Zeit immer wieder zu Kontroversen und Diskussionen bezüglich des Wahrheitsgehalts des Mythos gekommen ist.[15] Ovid, dessen Schriften heute noch zu den größten Sammelwerken antiker Mythen zählen, beschrieb mythologische Erzählungen als ‚Lügen der Dichter'[16] und etikettierte sie als eindeutig fiktional. So findet sich auch heute im *Metzler Literatur Lexikon* die Begriffserklärung, dass Mythos „in Opposition zu lógos als der vernünftig argumentativen – die unbeweisbare, fiktional-erzählende Rede"[17] bezeichnet. Im 18. Jahrhundert erfuhr der Begriff durch Karl Philipp Moritz eine Aufwertung, der im Mythos eine ‚erkenntnisleitende Funktion'[18] sieht. Diese Aufwertung vertieft sich in der romantischen Mythenforschung von Arnim und Grimm als „eine ursprüngliche volkstümliche Denkweise und Ausdrucksform", die in ihren Augen das Potential hat, „ein unverstelltes, da von der modernen Zivilisationen noch nicht

---

[13] Vgl. Volk: Ovid, S. 67.
[14] Vgl. Stefan Matuschek: Mythos. In: Dieter Burdorf/Christoph Fasbender/Burkhard Moenninghoff (Hg.): Metzler Literatur Lexikon. Begriffe und Definitionen. 3. neu bearb. Aufl. Stuttgart/ Weimar: Metzler. 2007, S. 524-525, hier S. 525.
[15] Zur ausführlicheren Auseinandersetzung mit der theologischen Wahrheit von Mythen siehe Anette Simonis: Mythos. In: Ansgar Nünning (Hg.): Metzler Lexikon Literatur- und Kulturtheorie. Ansätze – Personen – Grundbegriffe. 3. akt. Aufl. Stuttgart, Weimar: Metzler 2004 und Barry B. Powell: Einführung in die klassische Mythologie. Mit 26 Abbildungen und Grafiken. Stuttgart/Weimar: Metzler 2009.
[16] Vgl. Volk: Ovid, S. 68.
[17] Matuschek: Mythos, S. 524.
[18] Vgl. Simonis: Mythos, S. 483.

überformtes, anthropologisches Wissen"[19] zu bekunden. Durch diese Neubewertung der Mythologie als eine „welterschließende Leistung der menschlichen Einbildungskraft"[20] wird der Mythos im heutigen Verständnis verstärkt als Welterklärungsmodell der Antike dargestellt. Neuere Definitionen richten ihren Fokus vor allem auf mythologische Geschichten als die Darstellung von „kollektiven Vorstellungsweisen eines Volkes".[21] Die Wissenschaft setzt dabei nicht den Wahrheitsgehalt eines Mythos in den Fokus, sondern dessen gesellschaftlichen Ursprung, wodurch der Mythos unter anderem als „Erzählung, die einen nicht beweisbaren, kollektiv wirksamen Sinn stiftet"[22] definiert werden kann.

2.2 STRATEGIEN DER MYTHEN-REZEPTION

Das Wort ‚Rezeption' leitet sich vom lateinischen Wort ‚recipere' ab, das mit ‚aufnehmen' und ‚empfangen' übersetzt werden kann.[23] Es ist ein „hermeneutischer und kunsttheoretischer Sammelbegriff für Publikumsreaktionen auf einen Text oder ein Werk wie Wahrnehmung, Verstehen, Auslegung oder ästhetische Bewertung".[24] In Bezug auf den Mythos bedeutet es, dass dieser vom Leser oder Zuhörer immer wieder neu verstanden werden kann und von Autoren neu ausgelegt wird. Mythos-Rezeption ist daher die faktische Aufnahme eines Mythos vom Publikum.

Historische Persönlichkeiten wie Ovid, Homer und Hesiod werden häufig mit Niederschriften von Mythen in Verbindung gebracht. Sie kreierten die Geschichten jedoch nicht, sondern sammelten und verschriftlichten sie für die Nachwelt. Der Ursprung einzelner Mythen und die Identität ihrer ersten Verfasser sind unbekannt, daher ist jede Fassung eines Mythos, der ein eindeutiger Autor zuzuweisen ist, bereits eine Mythos-Rezeption. Es handelt sich um schriftliche Fixierung, welche „bereits eine Bearbeitung einer mündlich tradierten Erzählung war".[25] Es kommt immer wieder zu neuen Bearbeitungen, die wiederum als „neue Referenzpunkte angesehen, verwendet und gedeutet wurden".[26] In ausgewählten Fällen kann auch die bildkünstlerische Darstellung eines Mythos zum Ausgangspunkt für weitere Rezeptionen werden, anstelle des Mythos selbst in mündlicher oder schriftlicher Form. Ein

---

[19] Simonis: Mythos, S. 483.
[20] Matuschek: Mythos, S. 525.
[21] Ebd., S. 524.
[22] Ebd.
[23] Vgl. Henning Tegtmeyer: Rezeption. In: Dieter Burdorf/Christoph Fasbender/Burkhard Moenninghoff (Hg.): Metzler Literatur Lexikon. Begriffe und Definitionen. 3. neu bearb. Aufl. Stuttgart/Weimar: Metzler. 2007, S. 649-650, hier S. 649.
[24] Tegtmeyer: Rezeption, S. 649.
[25] Lutz Walther: Vorwort. In: Ders. (Hg.): Antike Mythen und ihre Rezeption. Ein Lexikon. Stuttgart: Reclam 2009, S. 7-8, hier S. 7.
[26] Ebd.

Beispiel für eine solche ‚Mythos-Rezeption zweiten Grades' ist das Leinwandgemälde *Landschaft mit dem Sturz des Ikarus* (1555) von Pieter Bruegel, das zum Referenzpunkt zahlreicher literarischer Werke des 20. Jahrhunderts wurde.[27]

Das Verständnis vom Mythos und seiner Deutung variiert je nach Perspektive der betrachtenden wissenschaftlichen Disziplin. Die Forschung der Literaturwissenschaft liefert eine Rezeptionsidee, die sich aufgrund ihrer fachspezifischen Schwerpunktsetzung unweigerlich von denen der Religionswissenschaft oder der Philosophie unterscheidet. In der modernen Literaturwissenschaft nimmt beispielsweise die Frage die Mythenforschung ein, auf welche Art „die Literatur den Mythos vergegenwärtigt und was ihre verschiedenen Formen der Vergegenwärtigung für das Mythos Verständnis"[28] bedeuten.

Da „Autor[en] einer Neufassung frühere Versionen aus älteren Quellen berücksichtigen"[29] müssen, auf unterschiedliche Versionen reagieren und sie dann erst neuschreiben, weisen Mythen ein hohes Maß an Intertextualität auf. Dies liefert einen Hinweis auf die Herangehensweise an ihre Rezeption. Die Forschung selbst definiert keine, oder wenn nur unvollständige, systematische Darstellung von literarischer Mythen-Rezeption. Eine kurze Übersicht über die vorhandenen Strategien liefert jedoch Lutz Walther im Vorwort seines Lexikons *Antike Mythen und ihre Rezeption*. Laut Walther wird von einer ausgewählten schriftlichen Fixierung des Mythos ausgehend seine Struktur systematisch aufgebrochen und seine einzelnen Elemente abhängig von der Rezeptionsart in kleinerem oder größerem Rahmen übernommen, verändert, aktualisiert oder ganz ausgespart.

Die geringste Strukturänderung erfolgt nach Walther bei sogenannten ‚antikisierenden Texten', die den Mythos mit „mehr oder weniger antiken Kolorit nacherzählen und diesen interpretieren".[30] Die Rezeption kann dabei die ursprüngliche Erzählung detailgetreu nachzeichnen, aber ihr auch neue Elemente hinzufügen oder inhaltliche Veränderungen vornehmen. Antikisierende Texte stellen die häufigste Version der alten Mythos-Rezeption dar. Ein adäquates Beispiel hierfür ist der Dichter Pindar, der den Mythos von Pelops gehört hat, diesen allerdings neu interpretiert und seine Neuinterpretation als Original ausgibt.[31]

---

[27] Bruegels Gemälde zum Mythos von Ikarus und Daedalus war unter anderem Rezeptions-Vorlage für die Gedichte *Musée des Beau Arts* (1938) von Wystan Hugh Audens, *Landschaft mit dem Sturz des Ikarus* (1947) von Stephan Hermlin und *Brueghels Ikarus* (1996) von Thomas Rosenlöcher. Diese und weitere Rezeptionstexte finden sich in Achim Aurnhammer/Dieter Martin (Hg.): Mythos Ikarus. Texte von Ovid bis Wolf Biermann. Stuttgart: Reclam 2008.
[28] Matuschek: Mythos, S. 525.
[29] Volk: Ovid, S. 68.
[30] Walther: Vorwort, S. 7.
[31] Vgl. Powell: Einführung in die klassische Mythologie, S. 5-8.

Eine vor allem in der Gegenwartsliteratur übliche Herangehensweise bezeichnet Walther als 'Texte in modernem Gewand'.[32] Damit sind Rezeptionen gemeint, in denen der ursprüngliche Kern oder Archetyp des Mythos erhalten bleibt, die Handlung jedoch in die jeweilige Gegenwart überführt wird.[33] Seine Struktur und Elemente wie Schauplatz, Ort und Zeit werden angepasst, während die Namen und für den Mythos ausschlaggebende Charaktereigenschaften der Protagonisten zumeist erhalten, oder zumindest erkennbar bleiben. Das bedeutet gleichzeitig, dass nicht jede Mythos-Rezeption auch den gleichen Ausgangstext des Mythos als Vorlage haben muss. Dementsprechend müssen unterschiedliche Elemente nicht immer bewusst verändert worden sein, sondern sind lediglich das Ergebnis vorangegangener Rezeptionsarbeit. Die Letzte dieser Kategorisierung von Rezeptionsarten beschreibt „Texte, die den antiken Mythos als Folie benutzen",[34] also als eine Metapher, um auf aktuelle politische, soziale oder religiöse Situationen und Missstände hinzuweisen und diese zu kritisieren.

Eine weitere Möglichkeit der Rezeption ist die Aktualisierung eines Mythos. Der Begriff der 'Aktualisierung' stammt aus dem Bereich der Rezeptionsästhetik und beschreibt einen Prozess, „bei dem der Leser im lebendigen Vorstellungsmaterial anschauliche Ansichten produktiv erlebt".[35] Der Theorie Heinz Antors zufolge enthält jedes literarische Werk Manipulationscharakter und Direktiven, die den Leser dazu anregen, „bestimmte Ansichten des Textes zu aktualisieren", um ihm „in der Konkretisation eine eigene Gestalt zu verleihen".[36] Dies bedeutet, dass ein Text immer wieder aktualisiert werden kann, in dem seine abstrakten Leerstellen[37] durch „wesentliche(n) Aspekte(n) der menschlichen Psychologie und der zwischen menschlichen Interaktion"[38] gefüllt werden. Zu diesen psychologischen Aspekten gehören beispielsweise die Moral- und Wertvorstellungen der Rezipienten, die aufgrund kultureller und sozialer Unterschiede zu unterschiedlichen Interpretationen eines Textes führen können.

---

[32] Walther: Vorwort, S. 7.
[33] Ebd.
[34] Ebd.
[35] Heinz Antor: Aktualisierung. In: Ansgar Nünning (Hg.): Metzler Lexikon. Literatur- und Kulturtheorie. Ansätze – Personen – Grundbegriffe. 3., akt. Aufl. Stuttgart, Weimar: Metzler 2004, S. 8.
[36] Ebd.
[37] Leerstellen, oder Unbestimmtheitsstellen, beschreiben abstrakte Lücken eines Textes. Das Konzept der Unbestimmtheit geht davon aus, dass fiktionale Texte nie eine einzige mögliche interpretative Realisierung, Aktualisierung oder Konkretisierung besitzen, eine Bestimmtheit lediglich vorgetäuscht wird und der intentionale Gegenstand ausgelassen wird. Weitere Informationen über das Konzept der Literarischen Unbestimmtheit finden sich in Heinz Antor: Literarische Unbestimmtheit. In: Literatur- und Kulturtheorie, S. 679-680.
[38] Glenn Warren Most: Eine Medea im Wolfspelz. In: Bernd Seidensticker/Martin Vöhler (Hg.): Mythen in nachmythischer Zeit. Die Antike in der deutschsprachigen Literatur der Gegenwart. Berlin/New York: De Gruyter 2002. S. 348-364, hier S. 348.

Bei der Aktualisierung von Mythen können nach diesem theoretischen Prinzip die Leerstellen mit den Wertvorstellungen der jeweiligen Gegenwart und der spezifischen Rezipienten gefüllt werden. Im Prozess der sogenannten gebrochenen Aktualisierung wird der Mythos „in einer antiken Welt lokalisiert, die in Kleidung, Behausung, Bewaffnung und allen anderen Äußerlichkeiten und Nebensächlichkeiten durchaus unmodern ist"[39] und in welche lediglich die Wertvorstellungen und Interaktionsmuster unserer Gegenwart überführt werden. Sowohl gewöhnliche als auch gebrochene Aktualisierungen verändern niemals die Elemente eines Mythos, sondern aktualisieren lediglich deren zeitlich spezifische Bewertung.

2.3 DER ORPHEUS-MYTHOS NACH OVID

Die Werke von Publius Ovidius Nasos sind die wohl bekannteste und meist rezipierte Quelle für griechische und römische Mythen. Ovid wurde im Jahr 43 v.Chr. in der italienischen Stadt Sulmo (heute Sulmona) geboren und verbrachte die meiste Zeit seines Lebens in Rom, bis zu seiner Verbannung im Jahr 8 n.Chr. durch Kaiser Augustus. Sein Tod wird für den Zeitraum 17 bis 18 n.Chr. vermutet, die genaue Datierung sowie die Umstände seines Todes sind bis heute jedoch nicht gänzlich geklärt.[40] Bei seinen *Metamorphosen* handelt es sich um eine im Jahr 8 n.Chr. fertiggestellte Sammlung von Verwandlungssagen. Es ist ein „Kompendium der antiken Mythologie", welches durch Binnenerzählungen mit ‚raffinierten Übergängen‘ bedeutsame griechische und römische Mythen zusammenträgt.[41] Die 250 Erzählungen werden in 15 Bücher eingeteilt, von denen die ersten fünf Bücher sich mit den Taten der Götter beschäftigen, ausgehend von der Entstehung der Welt aus dem Chaos. Die Bücher sechs bis zehn schildern dann Erfahrungen und Erlebnisse von Heroen, während die letzten fünf Bücher die Mythen um Sterbliche wiedergeben.[42] Die Erzählungen enden in der Gegenwart des Dichters mit der Verwandlung Caesars in einen Stern.

Der Orpheus-Mythos[43] ist Teil der *Metamorphosen*, wird darin jedoch nicht unmittelbar zusammenhängend erzählt: Im zehnten Buch beginnt der Mythos mit der Überschrift ‚Orpheus und Eurydike‘ (O: 225-227) in 85 Versen und wird unterbrochen für das Kapitel

---

[39] Most: Eine Medea im Wolfspelz, S. 348.
[40] Weitere Informationen über das Leben und Schaffen Ovids sind etwa nachzulesen in Katharina Volk: Ovid. Dichter des Exils. Aus dem Englischen von Dieter Prankel. Darmstadt: WBG 2012.
[41] Vgl. Katharina Volk: Ovid, S. 21.
[42] Vgl. Ebd.
[43] Der Mythos in der Version von Ovid wird hier und nachfolgend nach der Ausgabe Ovid: Orpheus. In: Ders.: Metamorphosen. In deutsche Prosa übertragen sowie mit einem Nachwort, einer Zeittafel zu Ovid, Anmerkungen, einem Verzeichnis der Eigennamen und bibliographischen Hinweisen versehen von Michael von Albrecht. 6. Auflage. München: Wilhelm Goldmann Verlag 1988 mit dem Kürzel ‚O‘ versehen. Er wird zitiert nach dem Muster O: Seite.

‚Katalog der Bäume – Cyparissus' und die Gesänge des Orpheus. Im elften Buch wird die Geschichte dann wieder aufgegriffen mit dem Angriff der Mänaden zur Erzählung ‚Der Tod des Orpheus' (O: 249-251) in weiteren 84 Versen.

Inhaltlich beginnt Ovid die Mythoserzählung damit, dass der Gott der Hochzeit Hymenaeus, von Orpheus Stimme gerufen, heraneilt und den klagenden Bräutigam antrifft. Seine Neuvermählte ist von einer Schlange in die Ferse gebissen worden und gestorben. Orpheus trauert um Eurydike und steigt dann hinab in die Unterwelt, um vor Hades und Persephone darum zu bitten, seine Ehefrau zurück zu bekommen. Er singt vor ihnen ein rhetorisches Plädoyer, in dem er sie preist, auf ihre eigene Geschichte verweist, um Verständnis für seine Bitte aus Liebe zu erhoffen und schließlich verhandelt. Er sagt, er bitte sie nicht, ihm Eurydike zu schenken, sondern zu leihen bis zu dem Zeitpunkt, „wenn sie die Jahre, die ihr zustehen, vollendet hat" (O: 225). Dann droht er außerdem, sein eigenes Leben aufzugeben, sollten sie ihm Eurydike die Gnade verwehren. Das Herrscherpaar und die Bewohner der Unterwelt, insbesondere die Mythenfiguren, die für ewige Strafen im Reich der Toten siedeln, lauschen seinem Lied hingerissen. Die Götter lassen sich durch sein Lied erweichen und gewähren ihm seinen Wunsch unter der Bedingung, dass er sich nicht zu Eurydike umblicken darf, bis sie die Pforten zur Oberwelt wieder durchschritten haben. Doch bevor sie die Oberfläche erreichen, dreht Orpheus sich zu ihr um, „besorgt, sie könne ermatten, und begierig, sie zu sehen" (O: 226) und Eurydike stirbt ein zweites Mal. Sie will nach ihm greifen, doch kann ihn nicht fassen und sinkt mit einem kaum hörbaren Lebewohl wieder zurück in die Unterwelt. Orpheus trauert am Ufer des Styx für sieben Tage, bevor er sich zurück in die Oberwelt begibt. Dort singt er über einen Zeitraum von drei Jahren und lockt Tiere und Pflanzen an, ihm zu lauschen. In diesem Zeitraum hat er sich außerdem der Knabenliebe zugewandt.

Im elften Kapitel der Metamorphosen wird der Mythos um Orpheus damit fortgeführt, dass ihn ‚ciconische Frauen' (Vgl. O: 249) beim Musizieren auf der Lichtung auffinden. Sie sind Anhängerinnen des Dionysos und nennen ihn als Vertreter apollinischer Musik ihren ‚Verächter' (Vgl. O: 249). Sie greifen ihn an, doch zunächst ‚besänftigt' sein Gesang die Geschosse. Ihr Geschrei und ihre Instrumente übertönen seine Musik jedoch und sie töten die Tiere, die ihm zuhören und nehmen ihm damit ‚seinen Ruhm' (Vgl. O: 249), bevor sie Orpheus selbst in Stücke reißen. Das Haupt und die Leier von Orpheus gelangen in den Fluss Hebrus und während sie ins Meer treiben, spielt die Leier Klagetöne und „Klagelaute murmelt die entseelte Zunge" (O: 250). Er erreicht schließlich den Strand der Insel Lesbos, wo Apollo eine Schlange daran hindert, den Kopf zu fressen. Orpheus kehrt als Schatten in die Unterwelt zurück und wird dort mit Eurydike wiedervereint. Dionysus bestraft seine Anhängerinnen indes für ihre Tat.

Im Vergleich mit der Orpheus-Version von Vergil in seinem Lehrgedicht *Georgica*, welches 29 v.Chr. veröffentlich wurde, fällt in Ovids Variante beispielsweise der flüchtige Einstieg mit Eurydikes Tod und dem Abstieg in die Unterwelt in nur wenigen Sätzen auf, während das Plädoyer vor Hades und Persephone oder die Todesszene von Orpheus detailreicher erzählt werden. Bei Vergil hat Eurydike eine Stimme, jedoch ist die Bedingung für die Befreiung Eurydikes von Persephone nur angedeutet und Orpheus findet nicht wie bei Ovid eine Erlösung durch die Wiedervereinigung mit Eurydike in der Unterwelt, sondern treibt auf unbestimmte Zeit trauernd auf dem Hebrus.[44] Außerdem begründet Ovid das Umdrehen von Orpheus und fügt bei Eurydikes zweitem Tod den Satz ein: "Doch mit keinem Wort klagte sie über ihren Gatten – denn worüber hätte sie klagen sollen als darüber, daß sie geliebt wurde?" (O: 226).

Zentrale Themen und Motive, die weiterhin in den meisten Umsetzungen des Mythos Verwendung finden, sind unter anderem Musik und andere Künste, die Liebe, die Natur, Verwandlung, der Gang in die Unterwelt und sonstige Grenzüberschreitungen und Dualismen auf verschiedenen Ebenen – dazu gehören beispielsweise Geschlechterverhältnisse oder Fragen nach Göttlichkeit gegen Menschlichkeit, Tod und Leben, Diesseits und Jenseits.

3. ANALYSE

3.1 MARGARET ATWOOD: *ORPHEUS (1)* (1984)

Margaret Eleanor Atwood wurde am 18. November 1939 in Ottawa in Kanada geboren und lebt heute in Toronto.[45] Sie ist Schriftstellerin, von ihr wird aber auch gesprochen als „Atwood the literary celebrity, media star, and public performer, Atwood the cultural critic, social historian, environmentalist, and human right spokeswomen, and Atwood the political satirist and cartoonist".[46] Ihre Arbeit wurde mit mehr als 55 internationalen Literaturauszeichnungen und mehreren Ehrendoktor-Titeln gekürt. Sie lehrte an Universitäten in Vancouver, Montreal und Alberta und war außerdem Präsidentin der Writers' Union of Canada von 1981 bis 1982,

---

[44] Vgl. Vergil: Georgica. In: Rudolf Alexander Schröder: Gesammelte Werke in fünf Bänden. Bd. 5: Vergil/Horaz. Deutsch. Berlin/Frankfurt am Main: Suhrkamp 1952, S. 137-139.
[45] Vgl. Coral Ann Howells: Margaret Atwood Chronology. In: Ders. (Hg): The Cambridge Companion to Margaret Atwood. Cambridge: University Press 2006, S. xiii-xvi, hier S. xiii.
[46] Coral Ann Howells: Introduction. In: Ders. (Hg): The Cambridge Companion to Margaret Atwood. Cambridge: University Press 2006, S. 1-11, hier S. 1.

sowie Präsidentin von PEN Canada in den Jahren 1985 und 1986.[47] Ihr Werk, vor allem ihre Lyrik, beschäftigt sich vielseitig mit mythologischen Figuren und ihrer Geschichten wie die von Persephone, Hades oder Odysseus, wobei sie häufig die Perspektive der weiblichen Komponenten männlich dominierter Mythen einnehmen.[48] Ein Beispiel dafür ist ihr Gedicht *Siren Song* aus ihrer 1974 erschienenen Gedichtsammlung *You Are Happy*. Dieses ist aus der Sicht einer Sirene erzählt, die ihrer zugeteilten Rolle als tödliche Verführerin müde ist und aus ihr ausbrechen will.[49] Das im Folgenden analysierte Gedicht *Orpheus (1)* fällt ebenfalls in diese Kategorie. Es ist Teil eines Zyklus, bestehend aus den Gedichten *Orpheus (1)*, *Eurydice* und *Orpheus (2)*. Alle drei erschienen erstmals in der Gedichtsammlung *Interlunar* im Jahr 1984. *Orpheus (1)* gehört zu den weniger rezipierten Gedichten von Margaret Atwood. Das zeigt sich unter anderem daran, dass *Orpheus (1)* und *Eurydice* in Susanne Vespermanns mythokritischer Analyse von Atwoods Werken zusammen nur knapp zwei Seiten einnehmen, während *Orpheus (2)* nicht näher betrachtet wird.[50]

Das Gedicht ist im Präteritum geschrieben. Es besteht aus sieben mehrzeiligen Strophen und einem Schlusssatz, der für die Untersuchung als achte Strophe angesehen wird. Es ist dabei unregelmäßig in seiner Versanzahl pro Strophe, Silbenzahl pro Vers, sowie Versmaß und Metrum. Außerdem ist es reimlos. Die Struktur von *Orpheus (1)* lässt sich also keiner klassischen Gedichtform zuordnen. Die Reimlosigkeit und Zeichensetzung zeigen, dass die Strophen jeweils aus ein bis drei zusammenhängenden Sätzen bestehen, was die Fülle an Enjambements erklärt. Ein strophenübergreifendes Enjambement verbindet außerdem die Strophen sechs und sieben miteinander (Vgl. MA: 31-32), während alle anderen Strophen durch Punktsetzung abgeschlossen werden. Eine weitere der wenigen rhetorischen Auffälligkeiten des Gedichts sind Zäsuren in den Strophen, in denen der jeweilige Vers, in diesem Falle durch die Zeichensetzung, unterbrochen wird. In Vers sieben unterbricht ein Semikolon beispielsweise den Lesefluss bei „gone to sleep; the return / to time was not my choice" (MA: 7-8) und an späterer Stelle heißt es: „you had / already lost me." (MA: 32-33), bevor im selben Vers der nächste Satz mit „The last / I saw of you" (MA: 33-34) beginnt. Die Sprache ist bildhaft. Eurydike beispielsweise „had to fold like a gray moth" (MA: 37) und Margaret Atwood beschreibt ein grünes Licht „ that had once grown fangs" (MA: 3-4).

---

[47] Weitere Informationen über das Leben und Schaffen von Margaret Atwood sind etwa nachzulesen in Coral Ann Howells (Hg.): The Cambridge Companion to Margaret Atwood. Cambridge: University Press 2006.

[48] Vgl. Branko Gorjup: Margaret Atwood's poetry and poetics. In: Coral Ann Howells (Hg.): The Cambridge Companion to Margaret Atwood. Cambridge: University Press 2006, S. 130-144, hier S. 140.

[49] Vgl. Ebd.

[50] Vgl. Susanne Vespermann: Margaret Atwood. Eine mythokritische Analyse ihrer Werke. Augsburg: Wißner 1995, S. 194-195.

Das lyrische Ich des Gedichts ist Eurydike, die aus ihrer Sichtweise davon berichtet, wie sie Orpheus aus der Unterwelt folgt, während sie über ihre Beziehung reflektiert und zurückbleiben muss, als er sich zu ihr umdreht. Ihre Worte sind an Orpheus gerichtet, wie sich unter anderem an Versen wie „You walked in front of me" (MA: 1) und „you had / already lost me" (MA: 32-33) zeigt. In Bezugnahme zur Chronologie der Orpheus-Sage und der gewählten Zeitform ist die dargestellte Szene also vermutlich dem zweiten Tod der Eurydike nachfolgend. Es beginnt mit der Beschreibung, wie Orpheus ihr vorausgeht, auf dem Weg zurück zum Diesseits. Die Erde ist „the green light" (MA: 3), welches für sie womöglich bereits am Ende des Pfades sichtbar wird. Doch obwohl die Farbe Grün gewöhnlich mit ‚lebendig‘ in Verbindung gebracht und mit ‚Licht‘ eindeutig positive Eindrücke vermittelt werden, wird die Oberwelt hier als bedrohlich konnotiert, da die lebende Welt in Gestalt der Schlange Eurydike bereits einmal zerstörte (Vgl. MA: 3-4).

Strophe zwei unterstreicht die passive Rolle Eurydikes. Sie folgt Orpheus, sie gehorcht ihm (Vgl. MA: 5) und zeigt keinen Widerstand. Sie beschreibt ihren Zustand als ‚numb‘ (MA: 6), aber zugleich betont sie, dass ihre Auferstehung nicht ihre eigene Wahl war (Vgl. MA: 7-8).

Zu Beginn von Strophe drei sagt das lyrische Ich „By then I was used to silence" (MA: 9). Diese Wortwahl könnte sich auf die situative Stille zwischen Orpheus und Eurydike beim Aufstieg in die irdische Welt beziehen. Sie könnte auch auf die generell fehlende Kommunikation zwischen ihnen hinweisen, was wieder Bezug nimmt auf den vorigen Satz, am Ende der zweiten Strophe, „the return to time was not my choice" (MA: 7-8), da Orpheus die Entscheidung alleine getroffen hat, in die Unterwelt zu gehen, um sie ins Leben zurück zu holen und dann auch ohne Absprache mit ihr die Abmachung mit den Unterweltgöttern eingeht. Alternativ kann die Zeile direkten Bezug auf die Sprachlosigkeit von Eurydike als Figur nehmen. Anschließend beschreibt sie in Strophe drei weiter, wie das, was Orpheus als ‚Liebe‘ ansieht, ihre persönliche Freiheit einschränkt. Sie sagt: „Though something streched between us / like a whisper, like a rope" (MA: 10-11). Es handelt sich um ihren ehemaligen Namen. Womöglich assoziiert sie diesen nicht mehr mit sich als Person, nachdem sie gestorben ist. Da Orpheus jedoch noch immer an ihr festhält und sie in das Leben als ‚Eurydike‘ zurückbringen will, besteht der Name weiterhin als eine Verbindung von dem vorausgehenden Orpheus und Eurydike hinter ihm in der Dunkelheit. Weiter hat er seine Leine bei sich, welche er selbst als ‚Liebe‘ bezeichnen würde. Die Leine und seine Stimme binden Eurydike an ihn. Die Strophe betont die Dominanz von Orpheus über Eurydike und ihrer Sprachlosigkeit. Interessant ist außerdem, dass sie in dieser Strophe sinnbildlich sowohl von einem ‚Seil‘ zwischen ihnen, als auch einer ‚Leine‘ von Orpheus zu ihr spricht.

Dazwischen verwendet sie die Formulierung „drawn tight" (MA: 13), welche sich zunächst auf den zwischen ihnen liegenden „former name" von Eurydike bezieht, aber auch mit beiden Arten der Fesselung in Verbindung gebracht werden könnte.

Die Strophen vier und fünf fallen thematisch zusammen und beschäftigen sich mit Orpheus Kreierung ‚seiner' Eurydike. Orpheus hat ein bestimmtes Bild vor Augen – und das Enjambement zwischen den Versen 18 und 19 sorgt dafür, dass der Satz auf zwei verschiedene Arten aufgenommen werden kann. Zunächst „the image of what you wanted" (MA: 18), bezogen auf sich und seine egozentrischen Ziele alleine, dann mit der darauffolgenden Zeile zusammen genommen „the image of what you wanted / me to become", bezogen auf seine Vorstellung von Eurydike. Und was er in diesem Augenblick von ihr will ist, dass sie wieder lebendig ist. Für diesen Wunsch ist er bereit, auch die Grenzen der Natur zu überwinden. Vers 20 sticht als Abschluss dieser Strophe und Mittelpunkt des Gedichts heraus, denn während sie ihm egozentrische Ziele unterstellt, erscheint der Satz „it was this hope of yours that kept me following" (MA: 20) ihre Klage abmildernd. Der Gang zurück ins Leben war nicht ihre Wahl, sie fühlt sich betäubt, seine Liebe vergleicht sie mit einer Leine, aber gleichzeitig sträubt sie sich bei dem Aufstieg nicht gegen seine Führung, sondern folgt ihm aufgrund seiner bestehenden Hoffnung nach.

Die fünfte Strophe spiegelt die Dynamik von Orpheus als künstlerisches Subjekt und Eurydike als Objekt seiner Kunst wieder.[51] Ihre Beziehung ist unausgewogen. Eurydike selbst ist „listening / and floral" (MA: 21-22), also mit Blumen geschmückt und ihm passiv zuhörend. Orpheus unterdessen besingt sie nicht einfach, sondern er er-singt sie. Er hat seine Vorstellung davon, wie sie sein soll, singt über sein vorgefertigtes Idealbild und sie beschreibt, wie ihre Haut und ihr Körper sich danach formen und sie lebendig machen.

Strophe sechs beschreibt ihre Eindrücke im Moment ihrer Trennung von Orpheus. Eurydike sieht nur seinen Umriss, der sich schwarz von der Höhlenöffnung abhebt. Orpheus dreht sich um und sie kann dabei nicht einmal sein Gesicht erkennen. Nach „when you turned" (MA: 31) endet die sechste Strophe und der Satz wird in Strophe sieben fortgeführt: „And called to me because you had / already lost me" (MA: 32-33). Sobald er sich zu ihr umdreht, ist der Pakt mit den Unterweltgöttern gebrochen und Eurydike zum erneuten Tod verdammt. Sie sieht ihn noch immer nicht in der Dunkelheit, nur ein „dark oval" (MA: 34) an seiner Stelle. Susanne Vespermann geht sogar so weit zu sagen, die Worte „had /already lost me" (MA: 32-

---

[51] Vgl. Romana Weiershausen: ‚Verbesserte Auflage'. Orpheus und Eurydike in Texten deutschsprachiger Gegenwartsautorinnen: Friederike Mayröcker, Ulla Hahn und Erica Pedretti. In: Ortrun Niethammer/Heinz-Peter Preusser/Francoise Rétif (Hg.): Mythen der sexuellen Differenz. Übersetzungen Überschreibungen Übermalungen. Heidelberg: Winter 2007, S. 185-198, hier S. 198.

33) bedeuten, dass Orpheus seine Frau schon verloren hat, bevor er sich zu ihr umdreht.[52] Ihre noch passive, aber offensichtliche Unzufriedenheit über seine dominante Rolle in ihrer Beziehung könnte auf diese Interpretation hindeuten.

In der Unterwelt zu verbleiben ist erneut eine Entscheidung, die von Orpheus für sie getroffen wurde, aber Eurydike akzeptiert diese. Sie lässt ihn los, obwohl sie weiß, dass dieser Fehlschlag Orpheus verletzen würde. Ihren Tod nennt sie an dieser Stelle nicht ‚this loss‘ für Orpheus, sondern ‚this failure‘ (Vgl. MA: 35). Dies unterstreicht wiederum, dass es bei dem Versuch von Orpheus, Eurydike ins Leben zurück zu bringen, nicht alleine um seine Liebe zu ihr geht, sondern um die Erfüllung seiner eigenen Idealvorstellungen.

Das Gedicht endet mit dem Vers „You could not believe I was more than your echo" (MA: 38). Eurydikes passive Rolle wird durch diesen letzten Vorwurf erstmals in eine aktivere verwandelt. Sie ist nicht nur ‚sein Echo‘, ein Abbild seiner Vorstellungskraft und Kunst, sondern mehr als das, auch wenn Orpheus das nicht zu sehen scheint. Sie streift in ihrem zweiten Tod ihre Funktion „als bloßes Geschöpf des Mannes"[53] ab, um eigenständig zurück in die Unterwelt zu gehen.

3.2 SALTATIO MORTIS: *ORPHEUS* (2011)

Saltatio Mortis ist eine im Jahr 2000 gegründete, deutsche Band aus in derzeitiger Besetzung acht Musikern.[54] Ihr Musikstil wird aufgrund der Mischung zwischen modernen und altertümlichen Instrumenten beschrieben als ‚Mittelalter-Rock‘ oder ‚Folk-Rock‘.[55] Zu ihren Veröffentlichungen zählen bisher elf Studioalben, fünf Live-Alben und sieben Musikvideos, das Artbook *Arteficium I* (2013), der Comic *Saltatio Mortis – Das Geheimnis des schwarzen IXI: Die Erzkanzlerin* (2014), sowie das Fotobuch *Saltatio Mortis Chronik* (2015).[56]

Ihre Lieder werden vorrangig auf Deutsch gesungen, in Ausnahmefällen aber auch auf Französisch, Englisch oder Schwedisch. Die Liedtexte werden von Sänger Jörg Roth und Schlagzeuger Tim Gleichmann, sowie variierenden Mitgliedern geschrieben. Sie behandeln vor allem Zitate auf mythologische, biblische und anderweitig fiktionale, sowie historische Geschichten und Personen, Kritik an der Obrigkeit, ideelle Werte und was sie bezeichnen als ‚Spielmannsleben‘. Ihren Rollen entsprechend treten alle Mitglieder der Band mittelalterlich

---

[52] Vgl. Vespermann: Margaret Atwood, S. 194.
[53] Ebd.
[54] Weitere Informationen zur Band finden sich etwa auf Saltatio Mortis.com. URL: http://www.saltatio-mortis.com/ (Zugriff: 29.03.2017).
[55] Vgl. Wikipedia: Saltatio Mortis. Stil. URL: https://de.wikipedia.org/wiki/Saltatio_Mortis (Zugriff: 29.03.2017).
[56] Vgl. Saltatio Mortis: Diskografie. URL: http://www.saltatio-mortis.com/diskografie/ (Zugriff: 29.03.2017).

gekleidet und unter Künstlernamen wie ‚Lasterbalk der Lästerliche', ‚Jean Méchant der Tambour' oder ‚El Silbador' auf.[57] Das Lied *Orpheus* erschien auf ihrem achten Studioalbum *Sturm aufs Paradies* aus dem Jahr 2011. Es gehört zu den wenigen Songs der Band, die im Duett gesungen werden. Den Hauptpart übernimmt Jörg Roth, Gründungsmitglied und Sänger der Band, bekannt unter dem Namen ‚Alea der Bescheidene'.[58] Den weiblichen Part singt die mit der Band befreundete Musikerin Julia Vukelic.[59]

Da es sich bei dem Lied um ein Duett handelt, ist die Form nicht in einem klaren Wechsel von Strophen und Refrain gehalten. Die ersten beiden Strophen und die ersten beiden Refrains folgen einer regelmäßigen Ordnung. Die Textstrophen bestehen aus 12 Versen und die beiden neunzeiligen Refrains sind identisch. Es folgen zwei Abschnitte aus jeweils 5 Versen, die im Folgenden als in zwei geteilte, dritte Strophe angesehen werden. Bis zum Ende dieser Strophe singt Jörg Roth alleine. Dann erfolgt die für die Analyse als vierte Strophe bezeichnete Passage, die alleine von Julia Vukelic gesungen wird. Im Anschluss daran singen die beiden Sänger gemeinsam eine veränderte Variante des Refrains und ein fünfzeiliges Outro, welches die fünfte Strophe darstellt.

In den Strophen scheint Jörg Roth die Rolle des Orpheus einzunehmen und Julia Vukelic die der Eurydike. Das zeigt sich daran, dass ‚Orpheus' darüber singt, was für Auswirkungen seine Lieder auf sein Umfeld haben, während er Eurydike „dem Leben entgegen" (SM: 25) führt. Die weinenden Steine und die neidvollen Vögel sind Elemente, die sich im Orpheus-Mythos von Ovid wiederfinden, in dem es heißt, er ziehe „die Wälder, die Herzen der wilden Tiere und die Steine" (O: 249) in seinen Bann. Julia Vukelic fordert dann Orpheus namentlich auf, für sie zu singen (Vgl. SM: 53-54) und beschreibt mit „Du wandelst ins Leben, / doch ich bleib zurück" (SM: 55-56) eindeutig das Schicksal von Eurydike aus der ersten Person. Die Perspektive des Refrains ist allerdings nicht eindeutig bestimmbar. Zunächst hebt dieser sich von den Strophen ab, da er im Imperativ geschrieben ist. Textlich scheint es möglich, dass der Refrain aus Eurydikes Sicht verfasst ist, die Orpheus erneut auffordert: „Komm und sing für mich" (SM: 17), aber ihn gleichzeitig ermahnt, sich nicht umzudrehen (Vgl. SM: 18-21). Dieser Interpretation steht aber entgegen, dass musikalisch die ersten Refrains von der männlichen Singstimme vorgetragen werden.

Die einzelnen Absätze sind größtenteils in sich abgeschlossen. Die Ausnahme bildet Vers 52, der mit drei Punkten beendet wird. Die Auslassungspunkte vermitteln grammatikalisch den

[57] Vgl. Saltatio Mortis: Die Band. URL: http://www.saltatio-mortis.com/band/ (Zugriff: 29.03.2017).
[58] Vgl. Ebd.
[59] Vgl. Patricia Krapf: Saltatio Mortis – Sturm aufs Paradies. In: Artnoir vom 11.08.2011. URL: https://artnoir.ch/saltatio-mortis---sturm-aufs-paradies/ (Zugriff: 29.03.2017).

Eindruck, dass an dieser Stelle ein Textgedanke nicht zu Ende geführt wird. Der Stimmwechsel und der Kontext machen jedoch deutlich, dass es sich dabei nicht um ein strophenübergreifendes Enjambement handelt, bei dem der Satz in der folgenden Strophe weitergeführt wird. Sein Ende wird stattdessen offen gelassen, um ein Zögern, oder in diesem Fall eine Handlung, anzudeuten und Spannung für die darauf folgenden Zeilen aufzubauen.

Der Text ist ohne ein regelmäßiges Metrum und mit variierender Silbenzahl innerhalb der Verse verfasst. Strophe eins und zwei folgen dem Reimschema a-b-c-b – d-e-f-e – d-e-f-e, wobei die letzten vier Verse jeweils eine exakte Wiederholung der vier vorangehenden sind. Der erste Reim im Gedicht, sowie der erste Reim in der zweiten Strophe, sind die zweisilbigen, reinen Reime von ‚Weinen‘ (Vgl. SM: 2) auf ‚erscheinen‘ (Vgl. SM: 4) und ‚Wegen‘ (Vgl. SM: 23) auf ‚entgegen‘ (Vgl. SM: 25). Strophe eins beinhaltet außerdem den unreinen Reim von ‚Neid‘ (Vgl. SM: 6) und ‚befreit‘ (Vgl. SM: 8), bei dem ein weicher und ein harter Konsonant am Wortende gereimt werden. Der zweite Reim in der zweiten Strophe besteht aus ‚Spur‘ (Vgl. SM: 27) und ‚nur‘ (Vgl. SM: 29). Im Refrain finden sich ebenfalls zwei Reime, zunächst der reine Reim von ‚Glück‘ (Vgl. SM: 14) und ‚zurück‘ (Vgl. SM: 15), dann werden bei ‚Lied‘ (Vgl. SM: 18) und ‚geschieht‘ (Vgl. SM: 20) sowohl ein langer und ein kurzer Vokal, als auch ein weicher und ein harter Konsonant gereimt. Die Refrains und späteren Strophen weisen weitere Reime auf, jedoch ohne, dass sie einem fortlaufenden Reimschema folgen. Dazu zählen ‚Stille‘ (Vgl. SM: 43) mit ‚Wille‘ (Vgl. SM: 45) und ‚singt‘ (Vgl. SM: 58, 70) mit ‚klingt‘ (Vgl. SM: 60, 73).

Die Textform des Liedes erklärt die Häufung von Reimen ohne konventionelles Metrum und die Verwendung bestimmter rhetorischer Mitteln. Dazu zählen Elisionen am Wortende, wie bei „Komm und sing" (SM: 13) und im Wortinneren, wie in der Zeile „soll'n wir erfahr'n" (SM: 71). Die Auslassung von Wortbestandteilen verbessert in diesem Fall den Redefluss der Verse, um sie für den Gesang dynamischer zu machen. Von der Häufung an Reimen abgesehen, weist der Text auch eine Vielzahl von Enjambements und Wiederholungen auf. Wiederholt werden Teilsätze, ganze Zeilen und Abschnitte. Es gibt Ausrufe, wie bei „Hinter mir bleibt es still!" (SM: 48) und Fragen wie „wo bleibt dein Schritt?" (SM: 44) und „Bist du noch bei mir?" (SM: 51).

In der ersten Strophe singt Orpheus darüber, welche ‚Kraft‘ (Vgl. SM: 1) seine Stimme und seine Lieder haben, dass sie Steine zum Weinen bringen, Nymphen erscheinen lassen, Vögel beschämen und sogar die Tote Eurydike zurückholen können. Sein Pakt ist möglicherweise aus Liebe zustande gekommen, funktioniert nun aber darüber hinaus als ein weiterer Beweis seiner Fähigkeiten und Teil seines Ruhmes. Seine Aussage, dass sein Lied Eurydike „aus den

Fesseln / des Hades befreit" (SM: 7-8) hat, erweckt zudem den Anschein, Eurydike sei zu diesem Zeitpunkt bereits gerettet. In der zweiten Strophe beschreibt er aber, dass er noch im Begriff ist, sie auf den ‚schwarzen Wegen' (Vgl. SM: 23) der Höhle hinauszuführen. In seiner Selbstpreisung zweifelt er also nicht daran, dass er die Bedingung für seinen Pakt erfüllen wird. In der zweiten Strophe heißt es: „Schritt für Schritt / folgst du meiner Spur" (SM: 26-27), wobei der vorangehende Orpheus seine Frau nicht sehen, sondern nur hören kann. Dies könnte ein Hinweis darauf sein, dass diese Version der Eurydike zwar eine ‚folgende' (Vgl. SM: 27) ist, aber keine gänzlich stumme. Es wird allerdings an dieser Stelle nicht konkretisiert, was genau Orpheus von ihr hört.

In den ersten beiden Refrains wird Orpheus wiederholt aufgefordert: „Komm und sing für mich" (SM: 13, 17, 34, 38). Er soll für sein Glück sein bestes Lied singen und seine Liebe ‚ins Licht' (Vgl. SM: 15, 36), also in die lebendige Welt, zurückzuführen. Gleichzeitig erfolgt die Ermahnung, sich bloß, „was auch geschieht" (SM: 20), nicht umzudrehen, um den Pakt nicht zu brechen.

In der dritten Strophe wundert Orpheus sich über die Stille hinter ihm. Hier erfährt der Rezipient durch seine Frage „wo bleibt dein Schritt?" (SM: 44), dass es sich bei den Geräuschen, die Orpheus von ihr zuvor vernommen hat, um ihre Schritte auf dem Steinboden der Höhle handelte. Das bedeutet, dass Eurydike in der dritten Strophe verstummt, weil sie für Orpheus unerwartet stehen bleibt. Zunächst hält er sich noch zurück, doch als die Stille andauert, scheint seine Besorgnis zu wachsen. Er fragt gleich zwei Mal: „Bist du noch bei mir, / Bist du noch bei mir?" (SM: 50-51), bevor er schließlich nachgibt und sich umdreht.

Eurydikes Text nimmt in der ersten Hälfte Bezug zum Refrain. Wo es zuvor hieß „Orpheus, sing für dein Glück" (SM: 14), stellt sie nun fest: „Orpheus, wir hatten kein Glück" (SM: 54). Wo Orpheus aufgefordert wurde, seine Liebste zurück in das Licht zu führen, verdeutlicht Eurydike nun, dass sie zurückbleiben wird, während er alleine die Welt der Lebenden betritt (Vgl. SM: 55-56). Weiterhin beklagt sie, dass sie ohne den Klang seiner Stimme an ihrer Seite nun erfahren wird, „wie laut Stille klingt" (SM: 60). Nachdem sie es gewohnt war, von Musik umgeben zu sein, wird fortan nur Stille um Eurydike in der Welt der Toten herrschen. Neben der wörtlichen Bedeutung lässt sich die widersprüchliche Formulierung der ‚laut klingenden Stille' auch als eine Metapher der Einsamkeit interpretieren bei der Aussicht, ihren Ehemann nie wieder zu hören und zu sehen.

Der gemeinsame Refrain ist inhaltlich identisch mit den vorangegangenen, wobei textuell die Worte „was auch" zu „was auch geschieht" (SM: 67) zur Betonung verdoppelt gesungen werden. In der fünften Strophe wird Eurydikes Klage aus ihrer Strophe von dem Paar wiederholt und dabei auf Beide bezogen. Aus ‚deine' (Vgl. SM: 57) wird ‚meine' (Vgl. SM: 69), aus ‚mich'(Vgl. SM: 58) wird ‚uns'(Vgl. SM: 70) und aus ‚ich' (Vgl. SM: 59) schließlich ‚wir' (Vgl. SM: 71, 72). Es ist nicht länger die Stimme von Orpheus, die nie mehr für Eurydike singen wird, sondern „meine Stimme" (SM: 69), die nicht mehr „für uns" (SM: 70) singt. Es sind also beide Sänger, die nicht mehr füreinander singen können, weswegen sie auch Beide die drückende Stille nach ihrer Trennung erfahren werden (Vgl. SM: 71-73).

Die Motivik der Musik wird textlich unter anderem durch die Häufung an Begrifflichkeiten wie ‚Klang' (Vgl. SM: 5) und ‚Stimme' (Vgl. SM: 5), ‚Saiten' (Vgl. SM: 3) und ‚Lieder' (Vgl. SM: 1), oder ‚singt' (Vgl. SM: 58) und ‚klingt' (Vgl. DM: 60) deutlich. Der Gesang von Orpheus und sein Lied ist durchgehend Thema des Songs. *Orpheus* fügt dem Mythos aber zudem eine Komponente von Eurydike als Künstlerin hinzu. Eurydike spricht nicht zu ihm, als er sich über die Stille verwundert zu ihr umwendet, sondern sie beginnt zu Singen.

Abgesehen von der Verteilung der Singstimmen ist eine musikalische Besonderheit des Liedes, dass auch die Musik zweigeteilt erscheint. Zu Beginn wird eine alleinstehende Klaviermelodie angespielt. Nach einigen Takten setzen Schlagzeug, E-Gitarre, Bass und weitere Instrumente der Band ein und überdecken sie. In der letzten Zeile der dritten Strophe werden Singstimme und Rockmusik gemeinsam leiser und schließlich in der allein von Julia Vukelic gesungenen Strophe vier von der Klaviermelodie abgelöst. Dies erweckt den Eindruck, dass die sanften Klaviertöne Eurydike repräsentieren. Die Musik von Orpheus ist laut und einstudiert und in den Strophenfugen vor den Strophen zwei und drei gibt es jeweils komplizierte Zwischenspiele. Dies könnte als Zeichen dafür angesehen werden, dass Orpheus im Gegensatz zu Eurydike ein etablierter Künstler ist. Ihre Melodie indessen ist voller Gefühl, aber zaghaft und zunächst ohne Untermalung von anderen Instrumenten. Ihr gefühlvoller Gesang entspricht dem Klang ihrer Musik in ihrer alleinigen Strophe. In den letzten Zeilen ihrer Strophe setzt dann jedoch ein Schlagzeug mit ein und zum letzten Vers folgen die restlichen Instrumente, deren Musik vorher Orpheus und seinem Lied vorbehalten war. Ihre Stimme wird gleichzeitig lauter. Möglicherweise wird Eurydike selbstbewusster in ihrer Kunst. Für den gemeinsam gesungenen Refrain ist die Musik identisch mit der von den von Jörg Roth alleine gesungenen Refrains.

An diesem Punkt singen beide die gleichen Worte zur gleichen musikalischen Untermalung. Sie singen jedoch nicht gegeneinander, sondern im Einklang, selbst als die Musik in Strophe fünf wieder in das Klavierspiel übergeht. Eurydike singt das Lied von Orpheus und in dieser letzten Strophe singt Orpheus ebenfalls einen Teil von Eurydikes Lied.

Ulla Hahn wurde geboren am 30. April 1946 in Brachthausen im Sauerland und lebt heute in Hamburg. Seit 2012 wird zu ihren Ehren alle zwei Jahre der Ulla Hahn-Autorenpreis der Stadt Monheim am Rhein, wo sie aufgewachsen ist, vergeben.[60] Sie ist vor allem Lyrikerin, hat sich aber immer wieder der Prosa zugewandt wenn, wie sie sagt, die knappe Form des Gedichts dem, was sie sagen wollte, nicht mehr angemessen war.[61] Ihr Gedicht *Verbesserte Auflage* ist erschienen in der Sammlung von Liebesgedichten *Herz über Kopf* im Jahr 1981 und lässt sich der ersten Phase ihrer Lyrik zuordnen, welche sie als die „Suchbewegung nach der ›Zeile /die mir sagt / wo ich mich find‹"[62] bezeichnet. Viele Gedichte dieses Bandes wurden vorab in der *Frankfurter Allgemeinen Zeitung* abgedruckt und erhielten positive Beurteilungen von Marcel Reich-Ranicki, dem damaligen Leiter der Literaturredaktion der *FAZ*.[63] In der Literaturkritik sprach man im Hinblick auf die Gedichte aus *Herz über Kopf* als eine ‚neue Innerlichkeit‘,[64] da sie einen Gedichttyp etablierte, der „die harmonische und geschlossene Form rehabilitierte, das Thema ‚Liebe‘ in den Mittelpunkt stellte und politische Gegenstände offenbar marginalisiert behandelte".[65] Die Form von *Verbesserte Auflage* widerspricht den formellen Merkmalen ihrer frühen Lyrik jedoch.

Es ist in freien Versen, reimlos und ohne ein regelmäßiges Metrum verfasst. Die Länge der Zeilen ist ebenfalls variierend, von einem Wort bis sechs Wörter pro Vers. Dr. Romana Weiershausen erkennt jedoch eine „Anspielung auf antikes Versmaß" in der „metrisch gebunden wirkende[n] Form über die dominierenden Doppelsenkungen".[66] Es gibt keine Einteilung in einzelne Strophen, die Verse 13 bis 15 erscheinen jedoch als ein visueller und inhaltlicher Mittelpunkt. Ihre Kürze erweckt den Eindruck von Abschnitten und lenkt die Aufmerksamkeit eines Rezipienten auf die Worte „dreht er sich um" (UH: 14). Die Verse sind durch Enjambements verbundene Sätze, die sowohl an Versenden als auch im Versinneren durch Zeichensetzung abgeschlossen werden. Die gewählte Sprache ist bildhaft, aber leicht verständlich. Auffälligkeiten sind die sich wiederholenden Verse vier bis acht und 19 bis 23 und die in ihnen hyponymisch aufgezählten Bestandteile des Kopfes, sowie die Wortfolge

---

[60] Weitere Informationen über das Leben und Schaffen von Ulla Hahn sind etwa nachzulesen in Waltraud Nottbohm: Religiöse Bildwelten. Eine interpretationsphilosophische Untersuchung zur Lyrik Ulla Hahns. Berlin: LIT Verlag 2010.

[61] Vgl. Ulla Hahn: Vorwort. In: Ders.: Gesammelte Gedichte. Mit einem Vorwort von Ulla Hahn und einem Nachwort von Dorothea von Törne. München: DVA 2013, S. 9-14, hier S. 12.

[62] Hahn: Vorwort, S. 9. Sie zitiert an dieser Stelle aus ihrem Gedicht *Meine Wörter* (1981).

[63] Vgl. Nottbohm: Religiöse Bildwelten, S. 2.

[64] Vgl. Ebd.

[65] Ebd.

[66] Weiershausen: ‚Verbesserte Auflage‘, S. 190.

„gehören hören / beschwören" (UH: 2-3) zu Beginn des Gedichtes. Der Leserhythmus wird durch die Versform vorgegeben, die Wahl der Satzbrüche durch Enjambements und die Doppelsenkungen sorgen jedoch für ein nicht melodisches, strauchelndes Lesen.

Das lyrische Ich ist auktorial erzählend und unbestimmt. Es handelt sich nicht um Eurydike selbst. Das zeigt sich daran, dass in der dritten Person von Orpheus und Eurydike erzählt wird, beispielsweise in den ersten Versen, wenn es heißt: „Nur noch wenige Schritte dann / wird sie ihm wieder gehören hören" (UH: 1-2). Eurydikes Perspektive wird jedoch in den Vordergrund gestellt. Die beschriebene Situation im Kontext der Mythos-Handlung ist die gleiche wie bei *Orpheus (1)* von Margaret Atwood – der Aufstieg aus dem Hades, das Umdrehen von Orpheus und das Zurückkehren in die Welt der Toten von Eurydike.

Inhaltlich lässt sich das Gedicht in drei Sinnabschnitte einteilen, deren genaue Abgrenzung variabel ist. Der erste Abschnitt wird hier auf Vers eins bis Vers acht festgelegt. Es beginnt mit einer hoffnungsvollen Aussage darüber, dass Orpheus und Eurydike schon beinahe am Ende ihres Aufstiegs angelangt sind. „Nur noch wenige Schritte" (UH: 1), dann kann das Paar wieder zu seinem gewohnten Leben zurückkehren, denn Eurydike wird „ihm wieder gehören hören / beschwören sein Lied" (UH: 2-3). Die Aneinanderreihung der Verben beschreibt, was von Eurydike in ihrer Rolle als Ehefrau von Orpheus erwartet wird. Sie soll sein Eigentum sein, sie soll ihm zuhören und sie soll es ihm als seine Muse möglich machen, seine Lieder zu singen. Und in seinem Lied soll sie „zu ihrem ewigen Ruhm" (UH: 8) gepriesen werden.

Ab Vers neun endet die mythostreue Erzählung. Der Mittelteil von Vers neun bis Vers 15 beschreibt die Wende von ursprünglichen Mythos-Geschehen zur veränderten Version von Ulla Hahn. Unerwartet vernimmt er eine Stimme und „Orpheus hört" (UH: 10). Erstmals ist Orpheus in ihrer Dynamik der Zuhörende. An dieser Stelle wird der Aspekt der Stimme für Eurydike tragend und zum entscheidenden Element der Wende. Sie selbst gibt mit dem Gedicht ihre Gedanken und Gefühle nicht preis, da es nicht aus ihrer Sicht geschrieben ist. Aber dennoch erhält sie in der innerfiktionalen Handlung eine Stimme. Damit spricht sie nicht einfach zu Orpheus, sondern singt. Sie singt bereits, bevor er sich zu ihr umdreht. Ihr Gesang ist es erst, der ihn dazu verleitet, den Pakt zu brechen, denn „die zum Lauschen Bestellte fällt / singend ihm in den Rücken" (UH: 11-12). Die Formulierung von ,in den Rücken fallen' lässt Eurydikes Gesang als einen Verrat an Orpheus wirken. Der Grund, warum Orpheus sich umdreht, ist in vielen Rezeptionen des Mythos eine Leerstelle und bei Ovid durch Besorgnis um Eurydike und das Verlangen, seine Frau zu sehen, beschrieben (Vgl. O: 226). Bei Ulla Hahn bekommt die vage Begründung eine Konnotation von Entrüstung Orpheus', dass Eurydike ihre Stimme erhebt, obwohl ihre eigentliche Aufgabe die des Zuhörens ist. Für die

Künstlerfigur Orpheus stellt dies eine „existenziellere Bedrohung [...] als der Tod der Geliebten"[67] dar.

Der dritte Sinnabschnitt beginnt in Vers 16 damit, dass Orpheus vor Verwirrung seine Leier entgleitet und von Eurydike aufgehoben wird (Vgl. UH: 16-17). Sie wendet sich ab, da sie aufgrund ihres Todes nicht länger in die lebende Welt zurückkehren darf und beginnt, die Leier zu spielen. Sie besingt Orpheus, wobei die gesungenen Worte in den Versen 19 bis 23 parallel zu denen im ersten Teil sind. Lediglich die Personalpronomen werden getauscht von „er sie" (UH: 7) und „ihrem" (UH: 8) zu „sie ihn" (UH: 22) und „seinem" (UH: 23). Zuletzt sagt das lyrische Ich: „Ob Orpheus ihr folgte / lassen die Quellen / im Trüben" (UH: 24-26). Die Erwähnung von unvollständig dokumentierten Quellen lässt vermuten, dass die erzählende Instanz aus zweiter Hand von dem Geschehen berichtet und möglicherweise mit größerem zeitlichen Abstand zu der tatsächlichen fiktionalen Handlung.

Wichtige Aspekte bei Ulla Hahn sind die Motive der Musik und des künstlerischen Schaffens. Zunächst ist Eurydike das Objekt von Orpheus' Kunst. Sie ist sein Inhalt und auch die Voraussetzung für sein Schaffen, denn es wird gesagt, dass „sein Lied [...] ohne sie / ihm versiegt" (UH: 3-4). Als die Frau dann jedoch zuerst sein Instrument und dann mit ihrem Spiel der Leier auch seine Rolle übernimmt, schafft sie es, sich „mittels der Kunst und innerhalb der Kunst"[68] zu emanzipieren. Eurydike macht sich selbst zum ‚künstlerischen Subjekt'.[69] Orpheus ist nun ebenfalls Objekt ihrer Kunst, sie besingt ihn mit den gleichen Worten, die er einst für sie wählte. Die Bewertung ihrer Imitation seines Liedes ist nicht eindeutig. Zum Einen kann es als Spott auf Orpheus interpretiert werden, als die Kopie seiner Angewohnheit, seine Muse zu einem Objekt zu machen. Zum Anderen kann ihr aber auch fehlende Individualität vorgeworfen werden und dass ihr künstlerisches Schaffen seines nicht übertrumpfen kann. Die letzten Verse des Gedichtes stellen jedoch den entscheidenden Unterschied ihres und seines Schaffens dar. Sie singt ein Preislied auf Orpheus, während sie sich „im Hinausgehen" (UH: 18) befindet und es bleibt unklar, ob er ihr nachfolgt. Im Bezug auf den Ursprungsmythos trauert Orpheus um sie, muss dann aber letztlich zurück in die Oberwelt. Doch bei Ulla Hahn lassen die ungenannten ‚Quellen' (Vgl. UH: 25) die Informationen hinsichtlich des Verbleibs von Orpheus aus. Während sie also notwendig für seine Kunst war, ist es umgekehrt nicht von Belang für ihr Lied, ob Orpheus bei ihr ist oder nicht.

---

[67] Weiershausen: ‚Verbesserte Auflage', S. 190.
[68] Ebd.
[69] Vgl. Ebd.

4. ZUSAMMENFASSUNG DER ERGEBNISSE

Die Texte von Margaret Atwood, Saltatio Mortis und Ulla Hahn verfolgen alle das Geschehen des gleichen Abschnitts des Ursprungsmythos. Alle drei arbeiten nach der Kategorisierung von Lutz Walther antikisierend. Sie zeichnen die Ausgangssituation mythostreu nach, bis zu dem Augenblick, in dem Orpheus sich nahe dem Höhlenausgang zu Eurydike umdreht, nehmen dann jedoch inhaltliche Veränderungen vor. Die Stimmgebung von Eurydike ist das entscheidende Element dieser Rezeptionskonzepte. Für die Begründung seiner Tat und die darauf folgende, endgültige Trennung des Ehepaares wurden dann unterschiedliche Interpretationsmöglichkeiten erschlossen, die die Analysewerke gleichzeitig als Aktualisierungen des Mythos auszeichnen.

Im Lexikon *Antike Mythen und ihre Rezeption* wird die Beziehung von Orpheus und Eurydike bei Margaret Atwood als "Paradigma für asymmetrische Liebesbeziehungen, in denen die Frau zur Projektionsfläche des Mannes reduziert und ihr jedwede Eigenständigkeit abgesprochen wird",[70] gedeutet. Susanne Vespermann bezeichnet Eurydikes Ausgangsposition in ihrer Rückerinnerung an den Aufstieg aus dem Hades in *Orpheus (1)* als ein „Stadium der Unterwerfung und Sprachlosigkeit".[71] Margaret Atwood gibt ihr mit dem Gedicht eine Stimme. Als ein Werkzeug, sich selbst auszudrücken, erhält Eurydike damit auch die Möglichkeit einer Emanzipation. An dieser Stelle sei erwähnt, dass in *Orpheus (1)* Eurydikes Prozess noch nicht abgeschlossen ist. In dem Folgegedicht *Eurydice* spricht eine auktoriale Sprecherin von Orpheus „Unfähigkeit, ohne seine Frau zu sein, [...] die Eurydikes Frieden stört".[72] *Orpheus (1)* führt keinen vollständigen Emanzipationsprozess durch, eröffnet jedoch ihren Weg in die Eigenständigkeit. Im Augenblick ihrer Trennung von Orpheus und dem Abstreifen seiner als ‚Liebe' bezeichneten Leine, kann sie zurückblicken und ihre wahren Gefühle und Gedanken hinsichtlich ihrer Beziehung ausdrücken. Sie kann entscheiden, mehr zu sein, als sie an seiner Seite gewesen ist. Aber ihre Emanzipation ist in diesem ersten Teil nur eingeleitet, ihre Rolle noch nicht aktiv handelnd und nicht vollständig selbstbestimmt.

Das Gedicht kann außerdem als Kommentar auf die Vorstellung von romantischer Liebe im klassischen Mythos verstanden werden. Orpheus repräsentiert den Helden, dessen Liebe maßlos und weltenüberschreitend ist, aber bei näherer Betrachtung einseitig und egozentrisch erscheint. Die neue Perspektive dekonstruiert das bestehende Abbild und die anklagenden

---

[70] Michael Butter/Birte Christ: Orpheus. In: Lutz Walther (Hg): Antike Mythen und ihre Rezeption. Ein Lexikon. Lepzig: Reclam 2003, S. 180-186, hier S. 185-186.
[71] Vespermann: Margaret Atwood, S. 194.
[72] Ebd., S. 195.

Worte der Eurydike fügen den Geschlechterverhältnissen dann eine moderne Sichtweise im Rahmen der Gleichberechtigungsbewegung des 20. Jahrhunderts bei.[73]

Atwood fügt dem mythostreuen Geschehen einen inneren Monolog an, während Ulla Hahn Veränderungen an der Handlung vornimmt. Bei Hahn wird aus einer zuhörenden und folgenden Eurydike eine singende und sich selbstständig von Orpheus abwendende Person nach modernen Vorstellungen. Sie erhält eine Stimme, wie Eurydike in der Version von Margaret Atwood – Ulla Hahn geht jedoch noch einen Schritt weiter. Eurydike handelt aktiv, sie hebt die Leier auf und gleichzeitig nimmt sie sich damit selbst das Recht, eine zuvor Orpheus vorbehaltene Rolle anzunehmen. Die Leier ist ein Symbol, durch das die mythologische Figur Orpheus erkennbar wird als der Musiker, dessen einzigartige Stimme sogar Steine und Bäume bewegt. Doch seine Frau nimmt ihm dieses Erkennungsmerkmal und singt seine Lieder, ohne ihn als Muse weiterhin bei sich haben zu müssen.

Im Sinne der Interpretation, dass Eurydike sich in *Verbesserte Auflage* emanzipiert, kann ebenfalls auf den Titel des Gedichts verwiesen werden. Dr. Weiershausen bezieht diesen auf das von Eurydike kopierte Lied als eine „'Neuauflage' mit veränderter Besetzung".[74] Der Titel behauptet aber unterdessen, dass es sich nicht nur um eine ‚Neuauflage' handelt, sondern eine ‚Verbesserung' der zuvor bekannten Version. Möglicherweise bezeichnet Ulla Hahn auch ihre Version des Mythos, in der die Handlung zugunsten der weiblichen Figur verändert wird, mutig als eine ‚Verbesserung' der zuvor bekannten Auflage. ‚Besser' versteht sich in diesem Fall als eine der Figur der Eurydike Selbständigkeit verschaffenden Version im modernen Sinne.

Die beiden Gedichte zeigen deutliche Unzufriedenheit der zentralen Figur auf – *Orpheus (1)* durch gedankliche Anklage an Orpheus von Eurydike, *Verbesserte Auflage* durch Eurydikes Gesang, bevor sie die Höhlenpforte erreichen konnten und ihre Annahme der Leier. Und in Beiden wird durch die direkte oder indirekte Stimmgebung Eurydike erstmals die Möglichkeit zur aktiven Selbstständigkeit gegeben, denn „Passivität ist mit Sprachlosigkeit verbunden".[75]

Bei *Orpheus* von Saltatio Mortis erhält Eurydike ebenfalls eine Stimme und wie bei Ulla Hahn beweist sie sich im Laufe des Textes als Sängerin. Die Analyse ergibt jedoch ein sich von den anderen Vergleichswerken unterscheidendes Interpretationskonzept.

Das Lied nimmt nicht alleine die Perspektive von Eurydike ein. Diese ist zwar Teil des Gesamtwerkes und wird durch musikalische Mittel hervorgehoben, hat aber gleichzeitig

---

[73] Vgl. Vespermann: Margaret Atwood, S. 195.
[74] Weiershausen: ‚Verbesserte Auflage', S. 190.
[75] Ebd., S. 189.

geringeren Umfang als die Beschreibungen von Orpheus. Sie teilt das Lied, ihren Text und ihre Geschichte mit ihrem Mann.

Inhaltlich zeigt die letzte Strophe des Liedes, dass Eurydike und Orpheus gemeinsam unter ihrer Trennung leiden werden. Im Mythos trauert Orpheus nach ihrem Verlust am Rande des Hades mehrere Tage und kann auch nach seiner endgültigen Rückkehr ins Diesseits keine andere Frau mehr lieben. Die Reaktion von Eurydike auf die Trennung bleibt eine Leerstelle. Von Margaret Atwood wird diese Lücke gefüllt durch Reflexion von Eurydike auf ihre letzten Augenblicke mit Orpheus und ihrer Unzufriedenheit. Bei Ulla Hahn wird eine Art von Gleichgültigkeit dem weiteren Schicksal von Orpheus gegenüber angedeutet. Saltatio Mortis zeichnen von den Analysewerken als Einzige eine trauernde Eurydike, die die Rückkehr ins Leben mit Orpheus als ihr ‚Glück' (Vgl. SM: 54) bezeichnet und nicht näher auf den Aspekt eingeht, dass die Befreiung nicht auf ihrer eigenen Entscheidung beruht. Sie ist zudem die einzige Eurydike, die emotional, sowie gesanglich mit Orpheus im Einklang ist. Margaret Atwoods Eurydike spricht sich gegen Orpheus aus, Ulla Hahns Eurydike singt gegen ihn, die Eurydike bei Saltatio Mortis singt dagegen mit ihm gemeinsam. Ihre gemeinsame Schlussstrophe wirkt wie ein Abschiedsgruß zueinander, ein letztes Bezeugen ihrer tragischen Liebesgeschichte. Auch wenn in beiden Fällen der singenden Eurydike ihr Lied identisch ist mit dem von Orpheus und sie sich in beiden Varianten erst durch seine Worte als Sängerin etabliert, unterscheiden sich die Intentionen ihres Gesanges. Ulla Hahns Text erweckt zudem den Eindruck, dass Eurydike auch zukünftig als Künstlerfigur agiert, da sie die Leier mit sich nimmt. Bei Saltatio Mortis ist die Voraussage für beide Beteiligten zunächst, dass sie in ‚Stille' verbleiben. Ob Eurydike nur im Augenblick der Trennung singt oder auch unabhängig von Orpheus, bleibt offen.

Ulla Hahn und Margaret Atwood versuchen durch moralische Aktualisierung in ihren jeweiligen Rezeptionswerken, der Figur der Eurydike nachträglich eine Art der Emanzipation zu ermöglichen. Saltatio Mortis wählen mit der Stimmgebung das gleiche, neu angefügte Element der Rezeption, verfolgen damit aber nicht das gleiche Ziel wie die beiden Autorinnen. Sie schreiben ein Lied, welches den tragischsten Moment der Liebesgeschichte von Orpheus und Eurydike ins Zentrum stellt und sprechen die Motive von ‚Liebe' und vor allem vom ‚Verlust der Liebe' an.

Die Ergebnisse des Vergleichs stellen die Frage nach einer möglichen Begründung des Unterschiedes bei der Neuverarbeitung des Mythosgeschehens des Pop-Songs im Kontrast zu den Gedichten. Hinsichtlich des Liedes liegt die Vermutung nahe, dass die Künstler in erster Linie ein breites Publikum mit ihren Werken erreichen wollen. Die Befassung mit mythologischen Geschichten entspricht dem spezifischen Image, unter welchem die Band Saltatio Mortis auftritt und in Verbindung mit universellen Themenkomplexen wie ‚Liebe‘ und ‚Trauer‘ oder ‚Verlust‘ hat der Song das Potential, den größten Teil einer Zuhörerschaft persönlich anzusprechen.

Die Autorinnen schreiben ihre Aktualisierungen in einer Zeit feministischer Bewegungsphasen. Einerseits beziehen sie ihre Lyrik möglicherweise auf ein Publikum, das wie sie selbst die unbeachteten, weiblichen Heldinnen in der Literatur repräsentiert sehen will. Andererseits könnte auch der Bezug zu ihrer eigenen Realität als Schriftstellerinnen ausschlaggebend für die Auswahl ihrer literarischen Vorlagen mit männlicher Subjektkonstitution sein. Nach eigenen Angaben gesellt sich Ulla Hahn auf der „Suche nach Verbündeten und Vergessenen [...] am liebsten zu den Autorinnen".[76] Dr. Weiershausen schlussfolgert daher in ihrem Aufsatz, dass die Autorin in *Verbesserte Auflage* die „mythische Eurydike stellvertretend in die Gegenwart: für die Position und Problemlage einer neuen Autorinnengeneration"[77] rettet. Eine Stimme zu haben ist ein entscheidender Aspekt feministischer Literatur, denn „different communities of women have had different degrees of access to particular narrative forms".[78] Der Begriff der ‚Stimme‘ oder ‚voice‘ als „trope of identity and power"[79] bezeichnet also ein wichtiges Element in der Forderung weiblicher Autorinnen nach Teilnahme am kulturellen und literarischen Prozess. Es handelt sich dabei nicht um „voice in general so much as public voice that women have been denied".[80] Eurydike ist eine von vielen weiblichen Figuren aus Mythen und anderen fiktionalen Stoffen, die in den Überlieferungen zugunsten ihrer männlichen Partner als Nebenfiguren ihrer eigenen Schicksale erscheinen. Der Wunsch von weiblichen Autorinnen, durch und mit ihren Werken ihre Stimme zu finden spiegelt sich möglicherweise auch in dem Versuch wider, diesen Frauenfiguren nachträglich ihre Selbstständigkeit zu verschaffen.

---

[76] Ulla Hahn: Poesie und Vergnügen – Poesie und Verantwortung. Heidelberg: Müller 1994, S. 41.
[77] Weiershausen: ‚Verbesserte Auflage‘, S. 191.
[78] Susan Sniader Lanser: Introduction. Towards a Feminist Poetics of Narrative Voice. In: Ders.: Fictions of Authority. Women Writers and Narrative Voice. Ithaca/London: Cornell University Press 1992, S. 3-24, hier S. 8.
[79] Ebd., S. 3.
[80] Ebd., S. 8.

LITERATURVERZEICHNIS:

PRIMÄRLITERATUR:

Atwood, Margaret: Orpheus (1). In: Ders.: Poems 1976-1986. London: Virago Press 1992, S. 106-107.

Hahn, Ulla: Verbesserte Auflage. In: Ders.: Herz über Kopf. Gedichte. Stuttgart: DVA 1981, S. 56.

Ovid: Orpheus. In: Ders.: Metamorphosen. In deutsche Prosa übertragen sowie mit einem Nachwort, einer Zeittafel zu Ovid, Anmerkungen, einem Verzeichnis der Eigennamen und bibliographischen Hinweisen versehen von Michael von Albrecht. 6. Auflage. München: Wilhelm Goldmann Verlag 1988, S. 225-227, 249-251.

Saltatio Mortis: Orpheus. In: Ders.: Sturm aufs Paradies. Booklet. Eisenerz: Napalm Records 2011. Fassung: CD.

Vergil: Georgica. In: Rudolf Alexander Schröder: Gesammelte Werke in fünf Bänden. Bd. 5: Vergil/Horaz. Deutsch. Berlin/Frankfurt am Main: Suhrkamp 1952, S. 137-139.

SEKUNDÄRLITERATUR:

Antor, Heinz: Aktualisierung. In: Ansgar Nünning (Hg.): Metzler Lexikon. Literatur- und Kulturtheorie. Ansätze – Personen – Grundbegriffe. 3. akt. Aufl. Stuttgart/Weimar: Metzler 2004, S. 8.

Aurnhammer, Achim/Martin, Dieter (Hg.): Mythos Ikarus. Texte von Ovid bis Wolf Biermann. Stuttgart: Reclam 2008.

Butter, Michael/Christ, Birte: Orpheus. In: Lutz Walther (Hg): Antike Mythen und ihre Rezeption. Ein Lexikon. Lepzig: Reclam 2003, S. 180-186.

Gorjup, Branko: Margaret Atwood's poetry and poetics. In: Coral Ann Howells (Hg.): The Cambridge Companion to Margaret Atwood. Cambridge: University Press 2006, S. 130-144.

Hahn, Ulla: Poesie und Vergnügen – Poesie und Verantwortung. Heidelberg: Müller 1994.

Hahn, Ulla: Vorwort. In: Ders.: Gesammelte Gedichte. Mit einem Vorwort von Ulla Hahn und einem Nachwort von Dorothea von Törne. München: DVA 2013, S. 9-14.

Howells, Coral Ann: Introduction. In: Ders. (Hg): The Cambridge Companion to Margaret Atwood. Cambridge: University Press 2006, S. 1-11.

Howells, Coral Ann: Margaret Atwood Chronology. In: Ders. (Hg): The Cambridge Companion to Margaret Atwood. Cambridge: University Press 2006, S. xiii-xvi.

Lanser, Susan Sniader: Introduction. Towards a Feminist Poetics of Narrative Voice. In: Ders.: Fictions of Authority. Women Writers and Narrative Voice. Ithaca/London: Cornell University Press 1992, S. 3-24.

Matuschek, Stefan: Mythos. In: Dieter Burdorf/Christoph Fasbender/Burkhard Moenninghoff (Hg.): Metzler Literatur Lexikon. Begriffe und Definitionen. 3. neu bearb. Aufl. Stuttgart/

26

Weimar: Metzler. 2007, S. 524-525.

Most, Glenn Warren: Eine Medea im Wolfspelz. In: Bernd Seidensticker/Martin Vöhler (Hg.): Mythen in nachmythischer Zeit. Die Antike in der deutschsprachigen Literatur der Gegenwart. Berlin/New York: De Gruyter 2002, S. 348-364.

Nottbohm, Waltraud: Religiöse Bildwelten. Eine interpretationsphilosophische Untersuchung zur Lyrik Ulla Hahns. Berlin: LIT Verlag 2010.

Powell, Barry B.: Einführung in die klassische Mythologie. Mit 26 Abbildungen und Grafiken. Stuttgart/Weimar: Metzler 2009.

Simonis, Anette: Mythos. In: Ansgar Nünning (Hrsg.): Metzler Lexikon Literatur- und Kulturtheorie. Ansätze – Personen – Grundbegriffe. 3. akt. Aufl. Stuttgart/Weimar: Metzler 2004, S. 482-483.

Tegtmeyer, Henning: Rezeption. In: Dieter Burdorf/Christoph Fasbender/Burkhard Moenninghoff (Hg.): Metzler Literatur Lexikon. Begriffe und Definitionen. 3. neu bearb. Aufl. Stuttgart/Weimar: Metzler. 2007, S. 649-650.

Vespermann, Susanne: Margaret Atwood. Eine mythokritische Analyse ihrer Werke. Augsburg: Wißner 1995.

Volk, Katharina: Ovid. Dichter des Exils. Aus dem Englischen von Dieter Prankel. Darmstadt: WBG 2012.

Walther, Lutz: Vorwort. In: Ders. (Hg.): Antike Mythen und ihre Rezeption. Ein Lexikon. Stuttgart: Reclam 2009, S. 7-8.

Weiershausen, Romana: ‚Verbesserte Auflage‘. Orpheus und Eurydike in Texten deutschsprachiger Gegenwartsautorinnen: Friederike Mayröcker, Ulla Hahn und Erica Pedretti. In: Ortrun Niethammer/Heinz-Peter Preusser/Francoise Rétif (Hrsg.): Mythen der sexuellen Differenz. Übersetzungen Überschreibungen Übermalungen. Heidelberg: Winter 2007, S. 185-198.

INTERNETQUELLEN:

Krapf, Patricia: Saltatio Mortis – Sturm aufs Paradies. In: Artnoir vom 11.08.2011. URL: https://artnoir.ch/saltatio-mortis---sturm-aufs-paradies/ (Zugriff: 29.03.2017).

Saltatio Mortis.com. URL: http://www.saltatio-mortis.com/ (Zugriff: 29.03.2017).

Saltatio Mortis: Die Band. URL: http://www.saltatio-mortis.com/band/ (Zugriff: 29.03.2017).

Saltatio Mortis: Diskografie. URL: http://www.saltatio-mortis.com/diskografie/ (Zugriff: 29.03.2017).

Wikipedia: Saltatio Mortis. URL: https://de.wikipedia.org/wiki/Saltatio_Mortis (Zugriff: 29.03.2017).

Wikipedia: Saltatio Mortis. Geschichte. URL: https://de.wikipedia.org/wiki/Saltatio_Mortis (Zugriff: 29.03.2017).

Wikipedia: Saltatio Mortis. Stil. URL: https://de.wikipedia.org/wiki/Saltatio_Mortis (Zugriff: 29.03.2017).

BEI GRIN MACHT SICH IHR WISSEN BEZAHLT

- Wir veröffentlichen Ihre Hausarbeit, Bachelor- und Masterarbeit

- Ihr eigenes eBook und Buch - weltweit in allen wichtigen Shops

- Verdienen Sie an jedem Verkauf

Jetzt bei www.GRIN.com hochladen und kostenlos publizieren

Lightning Source UK Ltd.
Milton Keynes UK
UKHW041145160223
417122UK00007BA/819

9 783668 474475